ÉLOGE

DE

CHARLES-PIERRE HUGUIER

MEMBRE FONDATEUR ET ANCIEN PRÉSIDENT DE LA SOCIÉTÉ DE CHIRURGIE
MEMBRE DE L'ACADÉMIE DE MÉDECINE
CHIRURGIEN HONORAIRE DES HOPITAUX, PROFESSEUR D'ANATOMIE A L'ÉCOLE DES
BEAUX-ARTS
AGRÉGÉ LIBRE DE LA FACULTÉ DE MÉDECINE DE PARIS
OFFICIER DE LA LÉGION D'HONNEUR, OFFICIER DE L'UNIVERSITÉ

Prononcé dans la séance annuelle de la Société de chirurgie, le 13 janvier 1875.

Par M. F. GUYON

SECRÉTAIRE GÉNÉRAL

PARIS

G. MASSON, ÉDITEUR

LIBRAIRE DE L'ACADÉMIE DE MÉDECINE

PLACE DE L'ÉCOLE-DE-MÉDECINE

1875

ÉLOGE

DE

CHARLES-PIERRE HUGUIER.

Lm 27/28297

ÉLOGE

DE

CHARLES-PIERRE HUGUIER

MEMBRE FONDATEUR ET ANCIEN PRÉSIDENT DE LA SOCIÉTÉ DE CHIRURGIE
MEMBRE DE L'ACADÉMIE DE MÉDECINE
CHIRURGIEN HONORAIRE DES HOPITAUX, PROFESSEUR D'ANATOMIE A L'ÉCOLE DES
BEAUX-ARTS
AGRÉGÉ LIBRE DE LA FACULTÉ DE MÉDECINE DE PARIS
OFFICIER DE LA LÉGION D'HONNEUR, OFFICIER DE L'UNIVERSITÉ

Prononcé dans la séance annuelle de la Société de chirurgie, le 13 janvier 1875.

Par M. F. GUYON

SECRÉTAIRE GÉNÉRAL

PARIS

G. MASSON, ÉDITEUR

LIBRAIRE DE L'ACADÉMIE DE MÉDECINE

PLACE DE L'ÉCOLE-DE-MÉDECINE

1875

ÉLOGE

DE

CHARLES-PIERRE HUGUIER.

Messieurs,

En se réunissant aujourd'hui pour rendre hommage à la mémoire d'Huguier, la Société lui doit un premier tribut. Elle doit s'empresser d'offrir à son ancien président, à l'un de ses fondateurs, le solennel témoignage de sa reconnaissance.

Organe de la Société, je m'acquitte en son nom de ce devoir; comme elle, je ressens une satisfaction bien douce, en disant devant le public qu'attire dans cette enceinte un sympathique intérêt quelle est notre gratitude pour notre nouveau bienfaiteur.

Je ne serais pas l'interprète fidèle de vos sentiments, je rendrais à la mémoire de votre collègue un hommage bien imparfait, si je n'associais à cet hommage celle qui fut la compagne admirablement dévouée de sa vie. Madame Huguier, vous le savez, s'est faite la pieuse exécutrice des pensées de son mari. L'une des préoccupations les plus chères d'Huguier avait été la prospérité de la Société de chirurgie. L'une des premières pensées de madame Huguier a été de vous offrir une importante donation, en ne vous imposant d'autre obligation que d'y rattacher le nom de son mari.

Vous aviez une entière liberté pour le meilleur emploi de cette précieuse libéralité; il a été décidé qu'elle servirait à améliorer et à étendre vos publications. Vous avez pensé avec juste raison que vous ne pouviez mieux répondre à la sollicitude dont la Société de chirurgie venait d'être l'objet.

C'est, en effet, par leurs œuvres que vivent et prospèrent les sociétés savantes ; c'est par elles qu'on les juge et c'est à la valeur de leur production scientifique que se mesure l'intérêt qu'elles inspirent. A ce point de vue, la Société de chirurgie peut se permettre un sentiment de légitime satisfaction. La liste de ses bienfaiteurs est déjà riche de noms, qui sont l'honneur de notre profession.

Ce n'est pas seulement un souvenir affectueux qu'ont voulu nous transmettre nos collègues ; c'est plus encore le témoignage de leur confiance dans l'utilité de vos persévérants efforts, pour favoriser l'étude et les progrès de la chirurgie.

Nos bienfaiteurs comptent sur nous pour continuer une œuvre à laquelle ils ont consacré une grande part de leur activité scientifique.

Bienfait oblige ! aussi n'avez-vous pas hésité à chercher dans un mode nouveau de publication, depuis longtemps désiré, à réaliser pour notre Société le plus de bien possible, en vous aidant des ressources qui vous ont été offertes au nom d'Huguier.

La publication simultanée et régulière de vos séances et de mémoires de longue haleine donnera, nous l'espérons, à nos travaux une impulsion nouvelle qui tournera à l'honneur de la Société de chirurgie.

Huguier peut, d'ailleurs, être rangé au nombre de ceux qui ont le plus largement alimenté les publications de la Société de chirurgie. Vos *Bulletins* témoignent surtout de l'activité scientifique de notre collègue et de l'importance de son rôle chirurgical. Le premier volume de vos *Mémoires* renferme un court, mais important travail sur les *polypes utéro-folliculaires* et un mémoire sur les *kystes de la matrice* et sur les *kystes folliculaires du vagin*.

Cette grande monographie fut lue à la Société de chirurgie, le 5 mai 1847 ; elle fait, par conséquent, partie de ce premier faisceau d'œuvres chirurgicales qui servirent de base à la réputation scientifique de notre compagnie. Elle peut, à juste titre, être considérée comme l'une de celles qui méritaient le plus d'attirer l'attention et qui figurent avec le plus d'honneur dans ce recueil de *Mémoires*, auquel on n'a pu faire d'autre reproche que de ne pas fournir une publication plus rapide aux travaux que leur mérite destinait à y prendre place.

Le *Mémoire* d'Huguier sur les kystes de la matrice et du vagin offre les qualités qui distinguent les nombreux travaux de notre regretté collègue. Il est étudié d'après nature, sur des observations cliniques et sur des recherches anatomiques personnelles ;

de nombreuses planches reproduisent ce que l'on peut appeler les pièces de conviction; on sent à chaque page que l'auteur est fidèle au principe qu'il énonce en débutant. Il déclare, en effet, que : « si la science de la pathologie a encore quelques points obscurs à éclaircir, quelques découvertes à faire, c'est à l'observation sévère guidée par le flambeau de l'anatomie physiologique et pathologique, appuyée sur les ressources que nous offrent la chimie organique et le microscope, qu'elle en sera en grande partie redevable. » Dans ces quelques lignes est tracé un programme scientifique, auquel la chirurgie a déjà dû bien des progrès. En l'observant scrupuleusement, notre collègue a eu plus d'une fois l'occasion de démontrer que les points obscurs de la pathologie pouvaient être éclaircis et que des découvertes restaient encore à faire dans le champ si cultivé, mais hélas si vaste, de la pathologie humaine.

Ces qualités et cette méthode nous les retrouverons appliquées avec succès dans d'autres travaux dont le retentissement a été légitime et dont la place est bien faite dans la science exacte et par cela même utile.

Nous devons citer en raison même de leur importance les travaux d'Huguier sur l'anatomie, la physiologie et la pathologie de la glande vulvo-vaginale réunis en 1850 par l'auteur dans un ouvrage intitulé : *Traité des maladies de la glande vulvo-vaginale et des divers appareils sécréteurs de la vulve*. Cet ouvrage, qui forme un volume in-4° de 400 pages, fut couronné par l'Institut.

Le même honneur fut accordé au grand travail lu à l'Académie de médecine en 1848, sous le titre de : *Mémoire sur l'Esthiomène ou le lupus de la vulve et du périnée ; sur ses analogies avec celui du visage, avec l'affection désignée improprement sous le nom d'éléphantiasis des Arabes ; sur ses complications et son traitement*.

C'est encore devant l'Académie de médecine qu'Huguier vint lire, en 1859, son importante monographie sur les allongements hypertrophiques du col de l'utérus. Ce travail intitulé : *Mémoire sur les allongements hypertrophiques du col de l'utérus dans les affections désignées sous le nom de descente, de précipitation de cet organe et sur leur traitement par la résection ou l'amputation de la totalité du col, suivant la variété de la maladie*, constitue l'une des plus remarquables parties de l'œuvre d'Huguier. La discussion approfondie qui fut ouverte à l'Académie a bien montré, que, sans doute, l'allongement hypertrophique n'était pas l'élément anatomo-pathologique déterminant de toutes les apparitions du col à la vulve et que l'amputation du col n'en constituait certainement pas le traitement ordinaire. Mais Huguier a cité lui-même et a représenté dans ses belles planches des cas de chute complète de l'utérus sans élongation du col; il ne méconnaît pas les dangers de l'opération qu'il propose.

Quelles que soient les réserves que les faits permettent de faire au point de vue de la fréquence relative de l'allongement hypertrophique et de l'abaissement vrai; quelles que soient les réserves plus importantes encore, que légitime à un haut degré toute opération sérieuse et difficile appliquée à la cure d'une maladie, qui trouble profondément la vie mais ne compromet pas l'existence, le mémoire que nous rappelons à votre attention mérite, comme l'a écrit un juge des plus compétents [1], d'être considéré comme un des plus beaux ouvrages qui aient été produits de nos jours sur les maladies utérines. La découverte de l'allongement hypertrophique de la portion sus-vaginale du col est due aux recherches persévérantes de notre habile collègue.

C'est l'usage de l'hystéromètre qui avait conduit Huguier à la découverte dont nous venons de parler. Toujours préoccupé par les tendances de son esprit des questions afférentes au diagnostic, pénétré de leur importance, Huguier avait abordé dans un de ses premiers travaux l'étude de plusieurs points relatifs au diagnostic [2]. Il était donc naturel que l'étude d'un moyen propre à éclairer le diagnostic des affections utérines devint pour notre collègue un sujet privilégié : aussi, lorsqu'en 1843 deux faits importants, successivement étudiés à l'hôpital de Lourcine à l'aide de l'introduction dans la cavité utérine d'instruments explorateurs imparfaits, eurent montré que le diagnostic pouvait être ainsi perfectionné et précisé, Huguier fit construire une sonde particulière à laquelle il donna le nom d'hystéromètre, et entreprit dès lors l'étude de l'hystérométrie qu'il devait désormais continuer sans relâche.

Ce n'était pas la première fois que des instruments étaient portés dans les cavités utérines. Huguier a pris soin lui-même, dans l'important ouvrage publié en 1865 [3], d'exposer avec la plus grande impartialité la question historique relative à l'hystérométrie et au cathétérisme utérin. La sonde utérine est employée comme moyen de traitement dès la plus haute antiquité ; les observations de Hoin, de Levret, de Vigarous, de Désormeaux démontrent déjà l'importance de l'exploration intra-utérine comme moyen de diagnostic ; enfin en 1828, Samuel Lair étudie d'une manière raisonnée le cathétérisme utérin considéré comme méthode d'exploration. Huguier accorde à ce chirurgien le mérite de l'invention de ce moyen de diagnostic. Il faut cependant reconnaître que notre collègue, s'il n'a pas été inventeur, fut dans cette question un véritable novateur, un habile et ardent propagateur. L'instrument imaginé par

[1] Courty, *Traité des maladies de l'utérus*, p. 640.
[2] Mémoire sur le diagnostic. (*Archives gén. de méd.*, 1833, t. IV, p. 135.)
[3] *De l'hystérométrie et du cathétérisme utérin.*

Huguier est celui que les praticiens ont adopté, et les règles qu'il a tracées avec tant de soin sont celles qui doivent être suivies dans l'application de cette méthode d'exploration. Sans doute, des études analogues furent faites à la même époque par l'illustre accoucheur anglais que la Société de chirurgie comptait au nombre de ses membres étrangers. Mais les remarquables travaux de Simpson et ceux de Kiwish, poursuivis peu d'années après, n'enlèvent rien à la spontanéité et à l'importance des recherches d'Huguier.

Le cathétérisme utérin a été considéré par Huguier, non-seulement comme un moyen de diagnostic, mais encore comme un moyen de traitement. Ce n'est pas à cette place que je rechercherai si toutes les espérances de notre collègue relativement au progrès du diagnostic des maladies utérines par le cathétérisme sont ab solument fondées, et si toutes les indications qu'il nous a fournies peuvent être complétement remplies.

L'appréciation des chirurgiens peut certainement varier quand il s'agit de discuter les indications de l'exploration intra-utéri ne ; mais elle sera unanime, s'il faut seulement reconnaître que Huguier a fourni dans l'ouvrage dont nous venons de vous parler des en seignements nouveaux et de grande importance, qui s'ajoutent à ce remarquable ensemble de travaux qui ont la gynécologie pour sujet, et qui ont été de la part de notre collègue l'objet d'un travail si persévérant.

Ce n'est pas seulement en racontant dans ses ouvrages ce qu'il avait observé, c'est encore par son enseignement oral que Huguier a contribué au développement et aux progrès si remarquables accomplis à notre époque et dans notre pays relativement à l'étude des maladies utérines. L'hôpital de Lourcine a été le pre mier et le principal théâtre de cet enseignement qui, pendant sept années consécutives, attira autour du jeune professeur un auditoire d'élite. Les règlements administratifs n'autorisaient que les docteurs en médecine à assister au cours de clinique professé à Lourcine. Les cartes étaient personnelles et délivrées à l'administration cen trale. Un état nominatif des médecins français et étrangers autorisés à suivre les leçons de Huguier a longtemps été conservé dans les archives de l'Assistance publique. Sur cette liste soigneusement dressée par un administrateur distingué [1] se trouvaient représen tées toutes les nationalités ; le nombre et la réputation de ceux qui s'y étaient fait inscrire fournissaient la preuve la plus certaine et le témoignage le plus flatteur de l'utilité et de l'importance de la clinique gynécologique de l'hôpital de Lourcine.

Il était d'ailleurs bien naturel qu'un enseignement ayant la gynécologie pour objet, professée à Paris par un chirurgien plein

[1] M. Varenne.

d'activité, qui étudiait avec ardeur toutes les questions afférentes à un sujet pour lui privilégié, eût un véritable succès. Les travaux français ont puissamment contribué à créer ou, tout au moins, à rénover l'étude de la pathologie utérine. Les ouvrages didactiques qui étudient l'ensemble de cette partie si importante de la pathologie, les monographies si nombreuses et si remarquables qui lui ont été consacrées par nos devanciers et par nos contemporains sont trop présents à vos esprits pour qu'il soit besoin de les rappeler.

Notre école obstétricale, si brillamment représentée depuis la fin du siècle dernier, a fourni à ces études le plus large et le plus constant appui. Dans ces travaux et dans cet enseignement se trouvent les éléments de cette rénovation, qui a partout substitué l'observation rigoureuse des faits à des descriptions où l'imagination prenait souvent une part prépondérante, et qui a successivement enrichi l'étude des maladies des femmes de découvertes pathologiques et de descriptions d'un haut intérêt.

La découverte du spéculum, qui, malgré bien des essais antérieurs, appartient à Récamier, la vulgarisation de ce mode d'exploration, peuvent encore témoigner de l'importance des travaux de nos compatriotes. Mais nulle découverte n'a eu, sur l'ensemble de la pathologie utérine, une plus heureuse influence que la démonstration du rapport existant entre l'ovulation et la menstruation ; le beau livre de Négrier, d'Angers [1], devait donner les preuves les plus convaincantes de la réalité de ce grand fait physiologique.

Je n'oublie pas que les traditions de la Société de chirurgie de Paris veulent que les travaux de l'étranger y soient appréciés avec la même faveur et la même impartialité que les travaux français. Je n'ai donc pas la pensée d'amoindrir la valeur des œuvres des gynécologistes étrangers à notre pays. Mais il est juste que le rang légitime auquel a droit la science française soit hautement affirmé ; vous avez toujours considéré que c'était l'un de vos premiers devoirs. Il y avait convenance à remplir ce devoir, lorsqu'il s'agit d'une partie de la science à laquelle notre regretté collègue a fourni un si important et si riche tribut.

Ce n'est pas seulement à la gynécologie, à laquelle il a cependant fourni bien des recherches que je ne puis toutes signaler, que Huguier a consacré son activité scientifique. Comme tant de chirurgiens éminents qui jamais n'ont abandonné l'exercice de la chirurgie générale, tout en acquérant sur un point particulier une expérience plus entière, fruit d'une pratique étendue et de recherches scientifiques patiemment poursuivies, Huguier a su mettre à

---

[1] *Recherches sur les ovaires dans l'espèce humaine*, 1840.

profit les enseignements sans cesse renouvelés et sans cesse nouveaux qui s'imposent, chaque jour, aux méditations du chirurgien
d'hôpital.

Notre collègue avait d'ailleurs commencé par devenir anatomiste
avant d'être chirurgien. Dans la période de sa vie où il s'occupa
d'anatomie il avait apporté aux études de l'amphithéâtre cette
même ardeur dans la recherche, ce désir d'éclairer les questions
soumises à son étude, qui, souvent, lui ont donné la satisfaction de
rencontrer des faits nouveaux.

Ce furent les luttes de l'école pratique qui lui donnèrent, comme
à tant d'autres, l'occasion de recherches anatomiques approfondies.

Les concours d'aide d'anatomie et de prosecteur couronnés par le
succès ne furent pas les seuls qu'aborda Huguier. En 1841 il par-
ticipait à la lutte brillante qui valut à Denonvilliers la succession
de Blandin.

Je ne fais que rappeler la part importante que tient l'anatomie
dans les travaux de gynécologie que j'ai déjà signalés. C'est en
particulier dans le *Mémoire* où sont étudiés les divers appareils
sécréteurs des organes génitaux externes de la femme que se
trouvent pour ainsi dire accumulées les recherches anatomiques.
Dans ce *Mémoire*, on doit signaler en particulier la description
de la glande vulvo-vaginale déjà décrite par Bartholin ; cette
glande fût cependant oubliée pendant près d'un demi-siècle.

Des recherches sur l'anatomie de l'oreille, sur la corde du
tympan, sur les pneumo-gastriques, sur le nerf glosso-pharyngien, sur l'hypoglosse, sur les nerfs laryngés, sur la structure du
pharynx et sur plusieurs autres points importants, montrèrent que
les plus grandes finesses du scalpel n'avaient aucun secret pour
notre collègue. Pour n'en citer qu'un exemple, vous me permet-
trez de rappeler les recherches de Huguier sur les branches ter-
minales ou linguales du glosso-pharyngien et la démonstration
des filets anastomotiques qui, d'un côté à l'autre, se rejoignent et
se fusionnent au niveau du *foramen cœcum*.

Aide d'anatomie en 1830, prosecteur en 1833, Huguier devenait
en 1835 professeur agrégé en anatomie et décrivait dans sa thèse
de concours une veine qui, jusqu'alors avait échappé à l'attention
des anatomistes. Cette veine relie la saphène interne et la veine
poplitée avec la veine ischiatique et indirectement avec l'hypogas-
trique. La circulation veineuse de la jambe se trouve ainsi rattachée
directement à celle du bassin. C'est une de ces anastomoses con-
stantes et importantes, bien étudiées depuis par nos collègues
MM. Verneuil et Richet, et dont l'absence supposée avait été l'objet des préoccupations de Boyer, de Dupuytren et de Gensoul dans
les cas d'oblitération ou de blessure de la veine crurale. On sait que
ce dernier chirurgien avait même cru devoir opposer aux blessures

de la veine crurale la ligature de l'artère fémorale. Les descriptions anatomiques que nous venons de rappeler, les observations présentées à la Société de chirurgie[1] par M. Verneuil, celles que M. Richet a consignées dans son anatomie chirurgicale, ont surtout contribué à faire tomber dans l'oubli un procédé opératoire dangereux, basé sur une erreur anatomique pour la première fois redressée par Huguier.

Un anatomiste aussi passionné, servi par un scalpel aussi délié, devait faire un chirurgien plein d'habileté, admirablement apte à poursuivre les produits pathologiques dans le sein de régions dont la topographie lui était si familière, au milieu de tissus si souvent analysés sur le cadavre.

Huguier devint en effet un opérateur remarquable, souvent hardi, mais toujours maître de l'action chirurgicale, qu'il éclairait sans cesse par l'anatomie normale et par l'anatomie pathologique.

Dans l'exercice de notre art la hardiesse ne saurait être confondue avec la témérité. Celui-là seul est téméraire qui sans être absolument prêt à toute éventualité, qui sans avoir pesé toutes les difficultés, sans connaître dans ses plus petits détails le terrain où il va agir, sans avoir par un diagnostic approfondi déterminé toutes les particularités inhérentes à la position de l'ennemi qu'il va combattre, engage avec l'assurance que souvent confère un savoir insuffisant, un acte chirurgical de l'exécution régulière et sagement coordonnée duquel dépend la vie d'un malade. Huguier, qui si souvent est venu dans cette enceinte vous donner le récit de ses opérations, ne fut jamais entraîné par son habileté au delà des limites de la prudence ; volontiers entreprenant, il ne fut pas téméraire.

Les opérations sur les maxillaires inférieurs et supérieurs furent un des sujets dont il s'est le plus occupé. Vous savez, messieurs, que, par une sorte d'ironie du sort, c'est à une affection d'un des maxillaires supérieurs que Huguier devait succomber.

De ces différentes opérations sur les maxillaires, dont la plupart sont relatées dans vos *Bulletins*, je ne veux actuellement retenir que la belle opération de résection temporaire du maxillaire supérieur imaginée et appliquée par notre collègue à la cure des polypes naso-pharyngiens.

Cette brillante application des principes de la chirurgie conservatrice, au bénéfice de laquelle était entreprise une opération véritablement hardie, devait être, à l'étranger, l'objet d'une tentative d'annexion ; une lecture, bien digne d'obtenir tous vos suffrages, est venue complétement la déjouer. Vous n'avez pas perdu le souvenir d'une note lue devant la Société de chirurgie dans la séance du 23 juillet 1873 par M. Verneuil. Cette note a trait aux résections

---

[1] *Bulletin de la Société de chirurgie*, p. 217, 237. 1855.

temporaires ; elle démontre de la manière la plus péremptoire que l'idée théorique du déplacement des os maxillaires supérieurs et de leur réintégration en leur lieu primitif, après l'ablation d'un polype naso-pharyngien, appartient entièrement et absolument à Huguier.

En recourant à vos *Bulletins*, M. Verneuil a montré que le 3 mars 1852 et le 8 novembre 1854[1] Huguier avait de la manière la plus explicite, à deux reprises différentes, et pour deux malades différents, émis la pensée d'une opération dont il indique même le plan, et qui aurait pour principe et pour but le déplacement des os et leur réintégration immédiate après l'ablation du polype. Dans cette même note M. Verneuil rappelle la part prise par notre honoré et cher collègue M. Chassaignac à la question des résections temporaires. C'était donc avec toute raison que M. Verneuil avait pu, dans la séance du 30 mai 1866, s'exprimer en ces termes : « Les procédés de déplacement des os appartiennent incontestablement à la Société de chirurgie dans la personne de MM. Huguier et Chassaignac. Langenbeck et les Allemands en ont revendiqué l'invention, mais c'est tout à fait à tort ; leur prétention à ce sujet ne peut être justifiée. »

Cette revendication, aussi péremptoire dans le fond que modérée dans la forme, établit trop bien l'un des droits scientifiques de notre collègue, pour que j'aie pu omettre de la consigner dans cet éloge. Elle montre d'ailleurs le prix que la Société de chirurgie accorde à *la vérité dans la science* et son inaltérable confiance dans le droit scientifique, contre lequel aucune force ne saurait prévaloir.

Il n'est pas nécessaire d'examiner plus longtemps dans ses détails l'œuvre scientifique de Huguier pour avoir bien démontré que ce chirurgien fut un travailleur ardent, infatigable, toujours préoccupé de recueillir avec soin les faits qui se présentaient à son observation, ne négligeant jamais de les coordonner et de les faire connaître lorsqu'ils pouvaient être utilisés. C'est ainsi, par exemple, que les événements de 1848 lui fournissaient l'occasion de lire à l'académie de médecine une véritable dissertation sur les plaies par armes à feu. C'est d'ailleurs devant cette savante compagnie, au sein de laquelle Huguier fut appelé à siéger dès l'année 1848, que furent communiqués plusieurs de ses plus importants mémoires. On peut dire que Huguier, partagea presque entièrement les fruits de son travail, entre l'académie de médecine et la Société de chirurgie ; pendant de bien longues années il appartint à l'une et à l'autre de ces compagnies sans que dans l'une ou l'autre enceinte on ait vu se ralentir son activité scientifique.

Toujours il en fut de même dans son service hospitalier. Son exercice de chirurgien d'hôpital fut partagé entre Lourcine et Beau-

---

[1] *Bulletin de la Société de chirurgie*, 1re série, t. II. p. 191-192, et t. V, p. 178.

jon. Huguier nommé chirurgien du bureau central en 1836, devenait chef de service en 1840 à l'hôpital de Lourcine qu'il ne quittait qu'en 1847, pour passer à l'hôpital Beaujon, où l'âge de la retraite le surprit en 1866. Notre collègue était en effet de ceux que les années semblaient ne pas atteindre et qui ne s'éloignent qu'à regret de leurs occupations actives. Aussi devait-il nous être donné de revoir le chirurgien honoraire accueillir toutes les occasions de reprendre l'activité, lorsque le service des hôpitaux venait faire appel à son zèle.

De douloureuses et pénibles occasions devaient lui être offertes et l'on aurait pu prévoir à l'avance qu'il serait au premier rang pendant les cruelles épreuves qui réclamaient le dévouement de tout le corps médical. C'est à l'ambulance des beaux-arts et aux ambulances de Saint-Augustin que Huguier exerça pendant le siége, et nous le retrouvons pendant la commune à la tête d'un service chirurgical à l'hôpital de la Charité.

Les ambulances de Saint-Augustin devaient naturellement être dirigées par le chirurgien éminent, dont le nom et les bienfaits étaient connus de tous dans ce quartier de Paris qu'habitait notre collègue. L'ambulance des Beaux-Arts ne pouvait avoir d'autre direction que celle du professeur qui, depuis l'année 1863, enseignait aux jeunes artistes l'anatomie humaine appliquée aux beaux-arts.

Huguier avait succédé dans la chaire de l'École des beaux-arts à son ancien collègue de l'hôpital Beaujon, Alphonse Robert. Huguier avait alors près de 60 ans ; mais ainsi que le disait dans le meilleur langage l'éminent directeur[1] de cette école célèbre, il s'attacha à considérer sa nouvelle situation comme le couronnement de sa carrière et se dévoua sans partage à une tâche qui n'était pas sans difficultés. Rien ne fut négligé par le professeur d'anatomie pour donner à son enseignement toute l'utilité et toute l'extension désirable. Sur ce nouveau théâtre se retrouvait avec ses mêmes qualités le chirurgien d'hôpital, le membre assidûment actif de l'Académie de médecine et de la Société de chirurgie. Un mode d'épreuves sûr, rapide et nouveau, fut institué pour les examens qui ont lieu à la fin de chaque semestre ; un exercice d'ostéologie maintenant obligatoire pour être admis dans les sections de peinture et de sculpture fut définitivement établi. Huguier s'attacha en outre à reconstituer et à enrichir la galerie anatomique de l'école ; enfin, de concert avec les professeurs des ateliers, et ce fut sa dernière préoccupation, il poursuivait le projet d'établir, à côté des collections formées des chefs-d'œuvre de la sculpture antique, une salle consacrée au dessin de l'anatomie.

Un mouvement spontané de gratitude a donné à la galerie d'ana-

---

[1] M. Guillaume ; discours prononcé aux obsèques de M. Huguier.

tomie des beaux-arts le nom du professeur Huguier. Là, d'ailleurs, comme à la Société de chirurgie, comme à l'Académie de médecine, une généreuse donation perpétue le souvenir de Huguier, et vient inviter à perpétuer aussi les exemples que notre collègue a partout donnés, à partager son amour du travail, sa passion pour les recherches scientifiques appuyées sur l'observation et les études anatomiques.

La persévérance dans le travail, l'ardeur dans la recherche furent les caractères les plus accusés de la vie chirurgicale de Huguier. Plus il avait obtenu par son travail, plus il avait à cœur d'obtenir. A l'apogée comme à la fin de sa carrière, au lieu de se reposer sur la réputation acquise et de la laisser grandir sans nouvel effort, il s'est toujours comporté comme s'il avait à se faire un nom.

L'exposé, incomplet et imparfait des travaux d'Huguier, dont je viens de donner un rapide aperçu, peut, à lui seul, faire comprendre par quels efforts, par quelle tenacité patiente, par quelle force de volonté notre collègue put arriver à se créer une position et à se faire un nom. La simple histoire de sa vie le démoutrera peut-être mieux encore ; elle contribuera certainement à rendre sa mémoire plus chère et son nom plus affectueusement honoré.

Pierre-Charles Huguier est né à Sézanne en Champagne, le 4 septembre 1804. Son père exerçait dans la petite ville la profession de marchand tapissier. Son commerce lui avait donné quelque aisance, et le modeste ouvrier avait pu ajouter à ce titre celui de propriétaire. L'année 1815 devait changer en détresse la position aisée des parents d'Huguier. La Champagne est un terrain privilégié pour l'invasion ; les immeubles de l'artisan de Sézanne furent saccagés et brûlés. Dans la petite ville natale, dès ses premières années, de même que dans la grande ville où l'avait appelé sa destinée, et au moment même où il allait y terminer sa carrière, Huguier devait assister aux désastres de la France.

Cependant le père d'Huguier s'était remis courageusement au travail ; son instruction était très-élémentaire, son caractère un peu rude, ses opinions fort arrêtées. Il avait foi dans la puissance du labeur quotidien. Pour lui le travail passait avant tout, et il eut le mérite de savoir de bonne heure le faire comprendre à son fils. Mais le travail ne devait avoir d'autre but que de mettre le jeune Huguier à même d'exercer la profession paternelle. Il était nécessaire d'apprendre à lire, à écrire et à calculer, là devaient se borner toutes les études de l'enfant. « Une année doit être suffisante pour atteindre ce but, répétait le père au professeur chargé du jeune Huguier, j'en ferai ensuite un tapissier comme moi ; je vous le confie pour une année seulement : faites-le marcher vite. »

Huguier était alors d'une complexion faible et très-délicate, sa santé donnait même des inquiétudes au médecin de la famille.

L'intelligence, il est vrai, n'était en aucune façon en rapport avec le physique frêle de l'enfant. Dans cette année, le jeune écolier fit preuve d'aptitudes très-heureuses, il aimait l'étude, il était doué d'une bonne volonté et d'une ardeur qui lui faisaient aisément vaincre les difficultés. Heureux de s'instruire, il eût oublié d'aller jouer avec les enfants de son âge si son professeur ne l'y eût obligé.

Le maître s'était bientôt attaché à l'élève ; d'habiles négociations furent engagées avec le père, auquel le digne professeur chercha à démontrer tous les avantages d'une éducation plus complète au point de vue même des intérêts de son industrie. Le père était bien convaincu qu'il n'était pas besoin de faire des études pour gagner de l'argent ; il céda cependant et accorda volontiers une seconde année. Lorsqu'elle fut accomplie il demanda que son fils commençât enfin à travailler et se mît en mesure de devenir un bon ouvrier.

Les forces de l'enfant n'étaient cependant pas suffisantes, et grâce à une alliance conclue avec la mère en faveur de la santé de son enfant, le professeur triompha une fois encore et fut même autorisé à compléter l'éducation de son élève. Il l'aimait déjà comme un fils, il avait résolu qu'il le mettrait à même de se servir de ses heureux dons intellectuels. L'intervention du médecin du pays permit de se rendre entièrement compte des aptitudes du jeune Huguier ; il fut bientôt décidé que notre futur collègue possédait la vocation médicale.

L'enfant avait d'ailleurs docilement suivi les conseils de son cher professeur ; il voulait mettre à profit l'instruction que cet homme excellent lui avait donnée avec tant de sollicitude. Le moment décisif était arrivé ; il fallait aller à Paris. Le père paraissait disposé à lutter encore, et disait bien haut qu'il ne consentirait pas à un sacrifice d'argent qui pourrait à tout jamais éloigner son fils du magasin.

Il céda cependant comme il avait toujours fait, mais il posa ses conditions : « Puisque l'on t'a fait faire des études, dit-il à son fils, et que tu veux les continuer, prends ce sac et pars pour Paris. Tu as douze cents francs entre les mains, mais souviens-toi bien que c'est absolument tout ce que tu auras reçu de moi, à moins, cependant, que tu ne changes d'idées et que tu ne reviennes bientôt retrouver ton père pour travailler de son état. » Huguier n'hésita pas, et bientôt installé dans une petite chambre de la rue Pierre-Sarrazin il commença ses études médicales.

Personne de vous, messieurs, ne peut douter un instant que le chirurgien adroit, que l'anatomiste habile que vous avez connu, n'eût fait un tapissier fort distingué, et que cet art, à coup sûr utile, n'eût bénéficié de perfectionnements que n'aurait pas manqué d'imaginer l'esprit inventif du fils de l'artisan de Sézanne.

Pleins de respect pour la volonté d'un père qui eut le très-grand mérite de sacrifier ses convictions les plus arrêtées à ce qu'on ni disait être le meilleur avenir de son fils, vous serez cependant touchés de l'affectueuse opiniâtreté du vieux professeur[1] ; il vit encore, il pleure son élève comme un fils, et sera heureux de la sympathie que vous accordez à son dévouement.

Le père du jeune Huguier ne tarda pas d'ailleurs à se convaincre que son petit pécule, administré par le jeune étudiant avec la plus parcimonieuse économie, était bien placé et qu'il fallait encourager des efforts aussi méritants. Sa droite et franche nature devait lui faire admettre que le travail, quelles que soient les conditions où on l'exerce, doit jouir de la même estime, inspirer la même confiance; que l'homme qui demande à ses facultés intellectuelles de produire tout ce qu'elles peuvent donner, s'impose un labeur non moins rude, que celui qui voué au travail manuel, fait un énergique usage de ses forces physiques.

L'assiduité du jeune étudiant en médecine à remplir tous les devoirs que lui imposaient ses études empêcha l'honnête et modeste artisan de regretter longtemps ce que sa direction expérimentée aurait pu obtenir de l'apprenti.

Certes, il est désirable que l'enfant honore et suive la profession paternelle. Cette vérité, que l'on pourrait appeler sociale, a été mise en lumière et défendue par beaucoup de bons esprits. Les essors inconsidérés, qu'une éducation incomplète ou mal dirigée conduit quelquefois à tenter, doivent inspirer de légitimes résistances ; l'on est en droit de craindre que celui qui s'élève, sans s'appuyer à tout instant sur le travail de chaque jour, ne succombe bientôt et ne descende au-dessous du point de départ ; mais il faut louer, encourager et proposer au respect de tous, l'exemple des hommes nés dans le milieu social le plus humble, qui ont su graduellement atteindre aux échelons supérieurs de la société.

Semblables aux arbres vigoureux qui ne s'élèvent qu'après avoir fixé au sein d'un sol de bonne nature de profondes racines, ces hommes d'élite n'ont rien de commun avec ces végétaux inférieurs, souvent parasites, qui naissent et grandissent dans l'ombre, et qui sortis de l'obscurité, se flétrissent et disparaissent sous l'épreuve de la lumière.

Notre profession, messieurs, dans laquelle les devoirs sont si étendus et les droits si limités, nous offre du moins ce précieux privilége de compter au nombre de ceux qui l'honorent le plus les parvenus du travail. Cela seul suffirait pour qu'elle tentât et entraînât les jeunes esprits alimentés par une intelligence vive et saine, dirigés par les généreux sentiments qui imposent à tout homme le devoir d'être utile.

[1] M. Fournier (il habite actuellement à Montereau).

Huguier avait quitté Sézanne avec l'intention bien formelle de revenir y exercer la médecine. Peut-être avait-il l'ambition cachée d'être le premier dans son village. Notre futur collègue avait compté sans le concours. Externe en 1826, il devenait, en 1828, interne et élève de l'école pratique ; il remportait en 1829 le prix d'accouchement, les accessits de clinique médicale et de médecine légale. En 1830, le concours lui donnait la médaille d'or des hôpitaux et le faisait devenir aide d'anatomie de la Faculté. En 1833, il était prosecteur. En 1835, professeur agrégé, et dès 1836 il couronnait cette belle série de succès en conquérant le titre de chirurgien des hôpitaux de Paris. En vingt années, Huguier parcourait la distance qui sépare l'externe du chef de service. Le concours l'empêcha donc de retourner à Sézanne, en le mettant en position de devenir un des chirurgiens les plus appréciés et les plus connus de Paris.

Déjà, messieurs, j'ai cherché à vous rappeler comment Huguier servit la cause de la chirurgie à l'hôpital, devant l'Académie de médecine, devant la Société de chirurgie et enfin par ses travaux. Dans sa pratique, dans son enseignement et dans ses études il fut avant tout préoccupé de l'exactitude minutieuse des descriptions. Demeuré fidèle aux méthodes et à l'esprit anatomique tout en s'occupant de chirurgie, il voulait que rien ne fût laissé dans l'ombre.

« Ce qui m'afflige, disait-il souvent à ses élèves, c'est de voir commettre des négligences de détail ; il n'y a pas de petits détails dans un service d'hôpital ; il n'y en a pas davantage dans la science, qui n'est elle-même composée que de détails. Tout détail a son importance en vue du résultat final à atteindre, qu'il s'agisse de l'enseignement des élèves ou de la guérison des malades. »

Avec de semblables principes on comprend qu'Huguier ait mieux aimé mériter quelquefois le reproche de prolixité, que de consentir à ne pas tenir compte de tout ce que lui révélait l'observation.

On pourrait s'étonner de cette patience scrupuleuse dans l'étude et dans l'application pratique, lorsque l'on a connu notre collègue. La vivacité de sa nature se traduisait dès le premier abord par l'animation de son langage et de sa physionomie ; ses gestes et sa démarche étaient rapides ; la discussion l'attirait et la contradiction ne le trouvait jamais résigné.

Huguier avait conservé l'apparence délicate et frêle qui avait préoccupé ses parents pendant toute son enfance ; cette gracilité se montrait particulièrement dans la conformation de la main qui était remarquablement petite et régulière.

Notre collègue n'était d'ailleurs pas insensible aux avantages que lui procurait, au point de vue chirurgical, ce privilége de la nature.

Néanmoins sa santé, ses forces et son activité ne lui laissaient rien à désirer; son ambition satisfaite, ses efforts persévérants récompensés, des honneurs légitimement accordés firent sa carrière heureuse et prospère.

Son bonheur fut surtout assuré par les qualités éminentes qu'il trouva réunies dans la compagne de sa vie; Madame Huguier fut la confidente des pensées de son mari et les a réalisées avec le plus grand cœur et le tact le plus délicat, par les bienfaits transmis à l'Académie de médecine, à l'École des beaux arts et à la Société de chirurgie. Privée d'enfants, elle a voulu, que même de son vivant, la science à laquelle s'était consacré son mari eût toujours place dans sa famille, et que le nom d'Huguier se perpétuât, entouré de respect et d'affection, dans les sociétés et les institutions savantes auxquelles il avait appartenu.

Noble et grande consolation que celle du bien continué et perpétué dans le même esprit, dans la même communion d'idées et de pensées ! Cette consolation s'ajoute à toutes celles que peuvent donner le souvenir de la vie la plus méritante et le souvenir douloureux et cher de longues souffrances supportées avec la plus patiente résignation, combattues avec le plus calme courage. Huguier, atteint d'un mal terrible, voulut se soumettre aux opérations les plus cruelles; il ne pouvait douter de l'opiniâtre incurabilité de la lésion, mais il considérait la lutte contre la maladie comme un devoir.

Il succomba au moment où il pratiquait lui-même son pansement journalier; la vie l'abandonna brusquement avant que son courage eut un instant faibli.

Paris. — Imprimerie Paul Dupont, rue J.-J.-Rousseau, 41.

74

www.ingramcontent.com/pod-product-compliance
Lightning Source LLC
Chambersburg PA
CBHW051301050726
47595CB00008B/3356